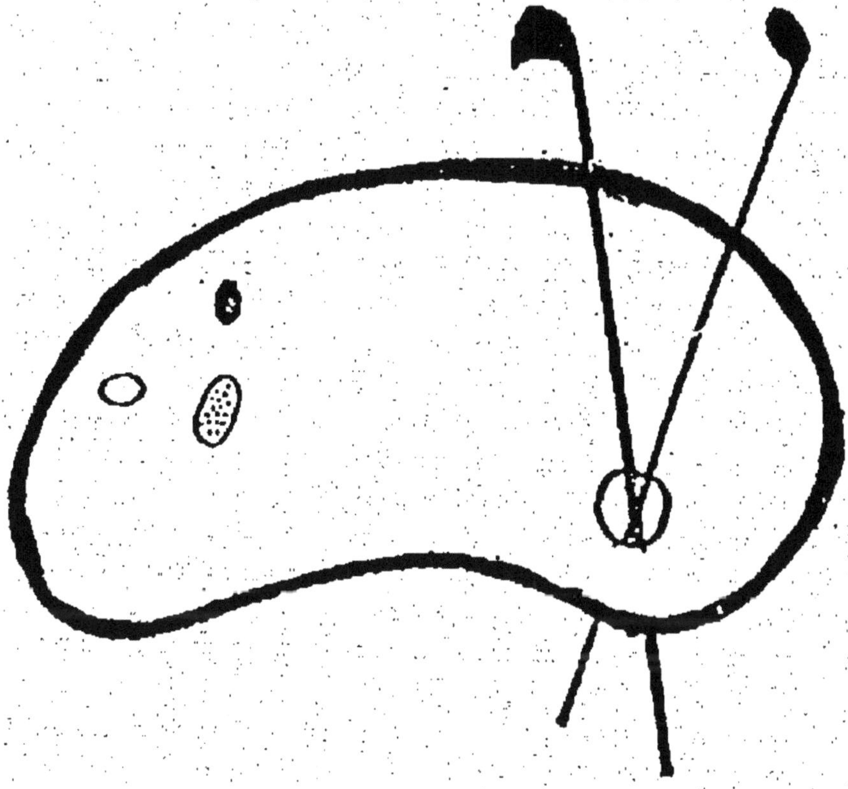

DEBUT D'UNE SERIE DE DOCUMENTS
EN COULEUR

J. FONSSAGRIVES

AUX ÉTUDIANTS
AUX MAITRES
AUX DIRECTEURS D'ŒUVRES DE JEUNESSE

Le Vice et ses Risques

Enseignement individuel,
Enseignement collectif?

ÉTUDE DE PROPHYLAXIE SANITAIRE ET MORALE

PARIS — POUSSIELGUE

PARIS
IMPRIMERIE F. LEVÉ
17, Rue Cassette

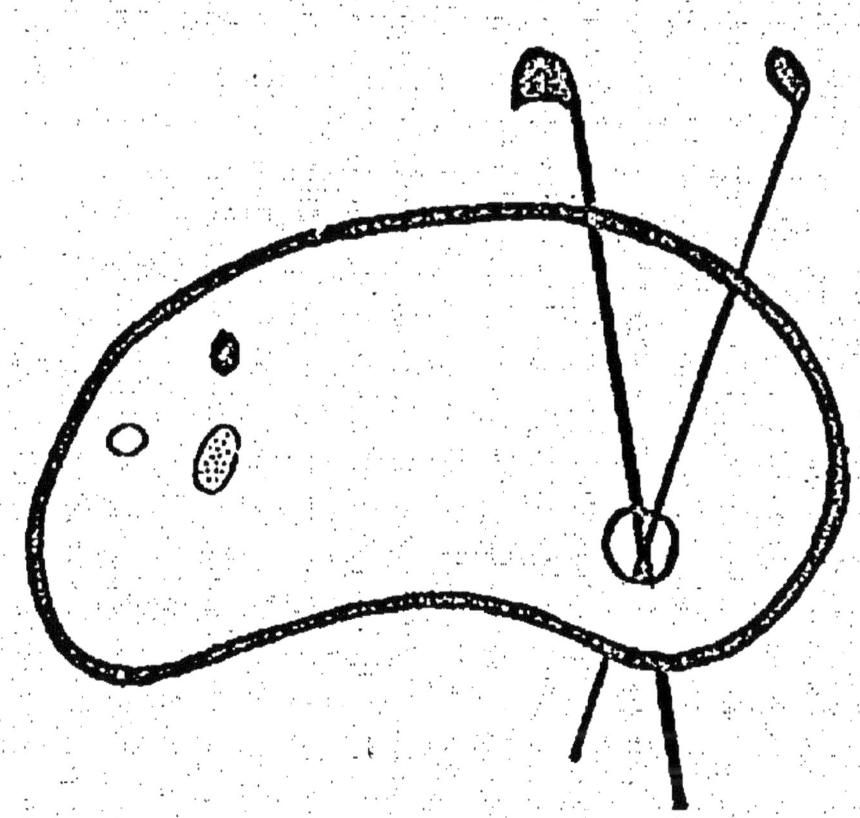

FIN D'UNE SERIE DE DOCUMENTS
EN COULEUR

Le Vice et ses Risques

OUVRAGES DU MÊME AUTEUR

Conseils aux parents et aux maîtres sur l'éducation de la pureté. 4e édition, in-12.......... 1 fr. 25

Éloge funèbre du Dr Ferrand. In-8º, portrait.. 1 fr.

Le sacrifice de Loigny. La bataille du 2 décembre 1870. In-18.......................... 1 fr.

Louis Veuillot, journaliste. In-18............ 75 c.

J. FONSSAGRIVES

CHANOINE HONORAIRE DE PARIS

AUMÔNIER DE L'ASSOCIATION GÉNÉRALE
DES ÉTUDIANTS CATHOLIQUES DE PARIS
(CERCLE DU LUXEMBOURG)

**AVIS AUX PARENTS
AUX MAITRES
AUX DIRECTEURS D'ŒUVRES DE JEUNESSE**

Le Vice et ses Risques

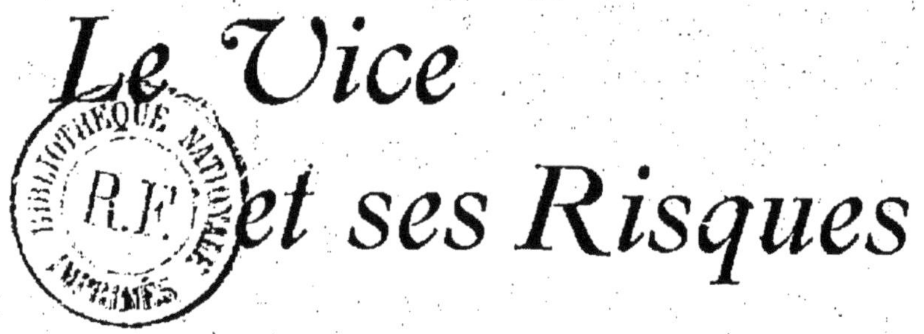

Enseignement individuel, Enseignement collectif?

ÉTUDE DE PROPHYLAXIE SANITAIRE ET MORALE

PARIS — POUSSIELGUE

AVANT-PROPOS

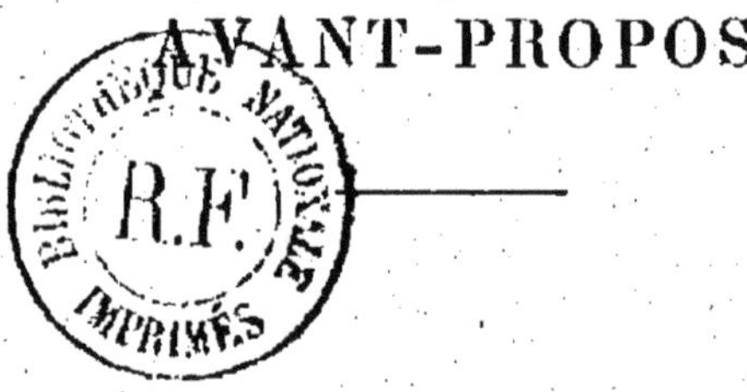

Auteur d'une brochure intitulée : *Conseils aux parents et aux maîtres sur* l'ÉDUCATION DE LA PURETÉ [1], il me fut donné, l'an passé, de défendre l'*Enseignement individuel* en matière de prophylaxie sanitaire et morale contre les partisans de l'*Enseignement collectif*.

Ma conscience, en effet, ne pouvait laisser, sans protestation, se créer, dans les lycées de garcons ou de filles, des cours spéciaux qui, sous le prétexte de faire œuvre morale, ne tendaient à rien moins qu'à renverser toutes les règles de la saine *éducation*.

Il me parut d'autant plus nécessaire de faire entendre, devant la *Société de prophylaxie sanitaire et morale*, cette protestation, que M. le recteur Liard, questionné par le Doyen de la Faculté de médecine sur l'éducation particulière des jeunes

1. Paris, Poussielgue, éditeur, 4e édition.

gens, concernant les avaries, venait de lui répondre : « Non seulement, on doit, mais *il
« faut (sic)* donner cette éducation aux jeunes
« gens, et je prends l'engagement de faire tous
« mes efforts pour que tous les élèves de l'État
« reçoivent cet enseignement sous réserve de
« l'approbation des parents[1]. »

Le principe de l'enseignement collectif était
donc agréé en principe par l'Université; ses
dirigeants en acceptaient le fait[2].

Ce résultat « considérable et heureux », disait M. le professeur Pinard, était dû au dévouement de ceux qui dirigeaient la *Société française
de prophylaxie sanitaire et morale*.

Le résultat, pour être considérable, ne me
sembla pas heureux, et je pris résolument la
défense des intérêts de tous les parents atta-

---

1. Oh! le bon billet qu'aura La Châtre, et les ver-
tueuses conversations, échangées, au sortir des conférences collectives faites avec projections et exhibitions de
figurines en cire, entre les jeunes gens qui y auront assisté,
et les jeunes gens qui, renfermés dans une étude, auront
impatiemment attendu le moment d'être renseignés par
leurs camarades! Que sera-ce si cette curiosité malsaine se
trouve éveillée dans des cerveaux de jeunes filles à peine
nubiles?

2. Cf. *Éducation de la pureté*, 4e édit., p. 28, et *Bulletin de la Société de prophylaxie sanitaire et morale*,
Réunion du 11 janvier 1904, p. 35.

chés à la morale chrétienne, de tous ceux qui, le jour où les Collèges libres et les Couvents auront été fermés de par le *fait du prince*, devront subir l'étrange éducation de la pureté donnée à leurs enfants... à *tous* leurs enfants même, puisque les principaux précurseurs de l'enseignement collectif ne craignent pas d'affirmer que cet enseignement devra s'adresser aux jeunes gens de l'un et de l'autre sexe.

La parole, avait dit M. le professeur Pinard, est aux éducateurs.

Je crus devoir répondre à cette invitation, et j'exposai loyalement devant la *Société de prophylaxie sanitaire et morale* les motifs qui me portaient à soutenir l'*Enseignement individuel*, mais à repousser énergiquement l'*Enseignement collectif*.

On m'a demandé de reproduire les arguments que j'ai apportés dans cette discussion qui réunit un grand nombre de médecins et d'éducateurs, à la Faculté de médecine de Paris. La brochure que je publie aujourd'hui est la réalisation de ce désir.

Les pages que l'on va lire apporteront d'ailleurs un complément nécessaire à mes *Conseils aux parents et aux maîtres sur l'Éducation de la pureté*. Elles peuvent donc être utiles à plusieurs.

Je dois ici, comme je l'ai fait ailleurs, sur-
monter, par devoir, le sentiment de répu-
gnance qu'un prêtre peut avoir à traiter un sujet
aussi délicat.

15 juin 1904.

J. FONSSAGRIVES.

I

DISCOURS
PRONONCÉ PAR M. L'ABBÉ FONSSAGRIVES,
LE 11 JANVIER 1904,
EN RÉPONSE AU RAPPORT PRÉSENTÉ,
PAR M. LE DOCTEUR BURLUREAUX,
EN FAVEUR DE L'ENSEIGNEMENT COLLECTIF
A LA
SOCIÉTÉ FRANÇAISE DE PROPHYLAXIE SANITAIRE ET MORALE[1]

MESSIEURS,

En prenant la parole pour la première fois devant vous, j'éprouve — dois-je l'avouer? — quelque appréhension.

D'une part, en effet, il ne m'a pas été donné d'assister à vos précédentes délibérations... et

1. Extrait du *Bulletin* mensuel de la Société, n° 1, année 1904. Cf. Avertissement de la 4e édition des Conseils aux Parents et aux Maîtres sur l'Education de la Pureté. Paris, Poussielgue, éditeur.

je me trouve dès lors dans un certain état d'in-
fériorité, puisque je suis exposé à revenir sur
des questions que vous aurez déjà mûrement
examinées, que vous croirez peut-être avoir définitivement élucidées.

Je n'ignore pas, d'autre part, que beaucoup
d'entre vous connaissent l'énergie avec laquelle
j'ai combattu, par la plume et par la parole, les
opinions de plusieurs membres de votre Société.

Je réclame donc toute votre bienveillance, et
je vous promets de répondre à votre attention
par le souci jaloux de n'apporter dans vos dé-
bats aucune idée qui ne soit le fruit réel de
vingt années d'un ministère tout entier consa-
cré à la moralisation de la jeunesse intellectuelle
et de la jeunesse ouvrière.

Ici, comme partout, je ne ferai qu'une œuvre
de bonne foi.

Qu'importent, m'écrivait notre éminent président, M. le professeur Fournier, qu'importent
les questions de détail quand on est d'accord
sur le fond ?

Et sur le fond, Messieurs, nous sommes tous
d'accord au sein de cette assemblée.

Comme vous, je professe qu'il y a dans l'éducation, telle qu'elle est actuellement comprise,

au sujet spécial qui nous préoccupe, une grave lacune, lacune d'autant plus regrettable qu'il s'agit dans l'espèce d'une question vitale, d'une question intéressant au plus haut degré les destinées de notre nation et les destinées de l'humanité même.

Comme vous donc, Messieurs, je crois que beaucoup de jeunes gens et beaucoup de jeunes filles — les pères et les mères de l'avenir — deviennent trop souvent, surtout dans la classe ouvrière, victimes d'une ignorance qui peut leur être fatale; et j'ai résumé, il y a longtemps déjà, ma pensée dans cette formule : *La pudibonderie est l'ennemie-née de la véritable pudeur, comme la bigoterie est l'ennemie-née de la véritable piété* : dans cet autre aphorisme aussi : *L'ignorance du vice n'est pas la vertu... L'ignorance doit cesser à un certain moment, sous peine de devenir un véritable danger pour l'innocence.*

Mais — et j'ai le grand regret de me séparer en ceci de quelques-uns d'entre vous — je ne saurais admettre *d'une manière générale* un enseignement collectif en matière de prophylaxie exclusivement sanitaire, s'adressant aux jeunes gens de l'un et l'autre sexe.

Telle est, Messieurs, la doctrine que je me

proposais de soutenir un jour ou l'autre devant vous. L'occasion de développer loyalement mon opinion m'est précisément — dès mon entrée dans votre Société — fournie par l'intéressant rapport dont on vous a donné lecture. Vous ne m'en voudrez pas de la saisir et de m'expliquer en toute sincérité.

La question, Messieurs, qui vous est aujourd'hui soumise est celle-ci : *Doit-on éclairer les jeunes gens de la classe ouvrière sur les dangers des maladies qui sont le résultat de la débauche? Comment doit-on le faire? Et jusqu'à quel point?*

Par ce terme *les jeunes gens*, nous devons évidemment entendre, — si je me reporte au rapport si documenté, si vivant, si suggestif de M. le Dr Burlureaux, — les jeunes ouvriers de dix-huit ans et les jeunes ouvrières de seize ans.

Le sujet est certes, à traiter, plus délicat lorsqu'il s'agit de celles-ci que lorsqu'il s'agit de ceux-là : la nécessité d'un enseignement de prophylaxie sanitaire ne s'impose pas au même degré pour les unes que pour les autres; mais comme nous reconnaissons tous ici que la jeune ouvrière a le même droit que le jeune ouvrier à certains éclaircissements, j'écarte — afin d'être aussi bref que possible — toute discussion sur la question de principe, et cette seule demande subsiste : *Comment donner aux jeunes gens de la classe ouvrière les éclaircissements que nous leur devons?*

C'est ici, Messieurs, que le désaccord se produit... Nous nous trouvons, en effet, en présence de deux méthodes d'éclaircissement, méthodes qui — pour être le plus souvent en opposition — ne sont cependant pas absolument contradictoires. Et cela m'obligera peut-être à entrer dans plusieurs distinctions; vous m'excuserez tous, car tous vous savez que celui-là seul confond qui ne sait pas distinguer.

Ces deux modes d'enseignement prophylactique ont trouvé chacun, au sein même de votre Société et au dehors, de nombreux partisans.

Il s'agit de savoir si les éclaircissements nécessaires seront donnés à des collectivités ou bien à des individualités, si nous prendrons comme moyen d'action auprès des jeunes gens la méthode que j'appellerai directe, celle de distributions de brochures, distributions faites sans acception de personne, d'affiches encore exposées à la vue de tous, et de conférences publiques enfin rendues lumineuses à la fois par le talent d'exposition des orateurs et par les projections oxhydriques et électriques; — ou bien si nous adopterons au contraire la méthode que j'appellerai indirecte, celle d'initiation et de persuasion individuelle assurée auprès des ouvriers, par des tierces personnes. En un mot, il s'agit de savoir si nous nous adresserons aux jeunes gens eux-mêmes, ou bien si nous agirons sur chacun d'eux par l'intermédiaire des parents que nous aurons conquis à notre cause, ou à défaut des parents, mais à leur défaut seulement, par l'intermédiaire des directeurs et directrices d'écoles, de patronages et d'œuvres ouvrières.

Telle est, Messieurs, la première distinction qui s'impose à notre loyal examen.

Or, je n'hésite pas à affirmer que — d'une manière générale — le deuxième procédé est le seul pratiquement applicable : je ne crois pas, en dehors de certaines conditions d'âge et de milieu, à l'efficacité d'un enseignement collectif, au sujet des maladies qui sont en question, s'adressant directement à des jeunes gens; et, dans l'intérêt même de votre Société, je voudrais vous amener à ne pas en admettre la pratique ordinaire, quitte à en adopter l'usage dans certains cas particuliers dont je vous entretiendrai tout à l'heure [1]. En un mot, nous devons, en semblable matière, ne point généraliser.

J'ai donné, Messieurs, les raisons de mon opinion à ce sujet, il y a trois ans, dans un article de la revue *La Quinzaine*, puis dans une brochure dont la quatrième édition est sous presse et qui a eu l'honneur de deux traductions, l'une en langue anglaise, l'autre en langue espagnole... Je viens de déposer cette brochure sur le bureau de votre président, non point — croyez-le bien — dans un but de réclame, mais afin que mes honorables contradicteurs puissent connaître d'une façon plus précise que par des paroles qui s'envolent, le fond même de ma pensée.

Le titre seul de cette brochure : *Conseils aux parents et aux maîtres sur l'Éducation de la pureté*, indiquait déjà que j'étais partisan d'un enseignement individuel en matière de prophylaxie sanitaire et morale... Dès les premières pages, je montrais que l'éducation de la pureté n'est point l'œuvre d'un moment, mais une œuvre de longue haleine, que son but est moins de créer des

---

1. Cf. *infra* p. 37.

émotions sensibles que de former des habitudes durables. J'établissais, d'une manière probante à mon sens, que l'éducation sexuelle ne peut s'accomplir et se parfaire, comme toute éducation, qu'à la condition d'être marquée au coin de l'unité et de la continuité, d'être surtout *progressive et proportionnée* à l'âge, aux dispositions d'esprit, à la délicatesse de conscience de chaque adolescent, d'être enfin *positive* plutôt que *négative*. Jamais, disais-je, les expériences, les variations, les hésitations, les tâtonnements ne semblent plus dangereux qu'en semblable matière; et je réclamais une attention soutenue de la part des parents ou, à défaut des parents, de la part des maîtres, à l'heure principalement où la crise physique et la crise morale se produisent presque toujours simultanément.

La nécessité d'un double enseignement : enseignement *moral et religieux*, enseignement *scientifique*, l'un complétant l'autre, tous les deux inséparablement unis, s'imposait à ma conviction.

Dès lors, Messieurs, je me trouvais en présence du programme de votre Société, société encore dans les langes, mais qui se promettait de vivre et qui a tenu ses promesses.

Je fus donc appelé à juger la méthode d'éclair-

cissement par les conférences publiques adressées aux jeunes gens, méthode que la société
naissante semblait avoir, d'après les articles pa-
rus dans plusieurs journaux, définitivement et
exclusivement adoptée; je le fis avec quelque
sévérité, je l'avoue [1].

Depuis que ces pages ont été écrites, Messieurs, mon opinion, pour se montrer moins
combative à mesure que je vous connaissais
mieux, ne s'est guère modifiée; cependant j'ai
beaucoup réfléchi sur la question, j'ai beaucoup
interrogé les hommes qui me paraissaient les
plus compétents dans l'espèce, et je me suis
efforcé de recueillir impartialement tous les
échos des divers théâtres où s'étaient exercés le
zèle et l'action des membres de votre Société...
J'ai fait davantage encore, en recevant, il y a
quelques jours, le rapport de M. le Dr Burlureaux, et je vous demande de procéder, à l'égard
des idées que je vous expose en ce moment,
comme j'ai voulu procéder à l'égard des idées
opposées aux miennes. Je me suis dit que,
à *priori*, mes contradicteurs pouvaient et de-

1. Je citais ici plusieurs passages de ma brochure sur
l'Éducation de la pureté, en particulier les pages 36 à 51.
J. F.

vaient avoir raison, que, trop préoccupé peut-
être d'un enseignement religieux et moral, je
ne m'étais point suffisamment placé sur le terrain scientifique qu'ils avaient presque exclusivement choisi. J'ai donc essayé, très loyalement,
d'oublier tout ce que j'avais lu, tout ce que
j'avais entendu, tout ce que j'avais écrit, de
m'abstraire en quelque sorte de mon milieu et
de m'identifier par un réel effort de volonté avec
l'un de nos conférenciers.

Après avoir, très consciencieusement, relu la
brochure de M. le professeur Fournier : *A nos
fils quand ils auront 18 ans*, celle de M. le Dr Burlureaux : *A nos filles quand elles auront 16 ans...*, je
me suis transporté en esprit dans l'un de ces
centres ouvriers que je connais bien, puisque je
leur consacre toutes les heures de loisir que me
laisse l'accomplissement de mon ministère auprès des étudiants, et, dès les premiers instants,
j'ai trouvé, à l'encontre de la mission dont je
me considérais comme investi par vous, les plus
sérieuses difficultés :

Difficultés de la part des jeunes auditeurs ou
auditrices ;

Difficultés tenant au sujet même à exposer ;

Difficultés enfin, et celles-là insurmontables,

en l'état actuel des esprits, provenant des parents, des directeurs et directrices d'écoles ou d'œuvres, des personnes mêmes que M. le Dr Burlureaux nous représentait, et avec raison, comme devant être les auxiliaires nécessaires de notre Société dans la lutte entreprise contre le péril qui nous réunit ce soir.

I. — *Difficultés* d'abord de la part de l'auditoire. Et cependant, remarquez-le, Messieurs, j'admets que l'auditoire ait été l'objet d'une première sélection, puisque nous nous adressons à des jeunes gens qui ne sont point les premiers venus, ramassés dans la rue. Ils sont nos invités, ils ne sont nullement des inconnus, des délaissés au point de vue moral. Depuis quelques mois au moins, depuis quelques années peut-être, ils appartiennent à l'une de ces réunions soit laïques, soit confessionnelles que l'on appelle des patronages et qui ont pour but d'aider auprès de l'écolier l'action moralisatrice de l'instituteur, de compléter cette action auprès de l'apprenti.

Or, Messieurs, et je crois que nul ne discutera sur ce point, l'Église catholique qui, la première, se préoccupa de saisir l'enfant à sa sortie de l'école pour le prévenir contre les dangers de

la rue, l'Église catholique se trouve, par le
nombre aussi bien que par l'organisation de ses
patronages, placée à la tête de toutes les œuvres
de préservation morale. Permettez-moi de vous
rappeler que nous avons à Paris peu de paroisses
ouvrières qui n'ait ses quatre patronages : deux
patronages (un de garçons, un de filles) pour les
élèves des écoles communales, avec une section
dans chacun pour les jeunes ouvriers ou jeunes
ouvrières ayant appartenu à ces écoles offi-
cielles...; deux patronages (un de garçons, un
de filles) pour les élèves des écoles libres, avec
une section dans chacun pour les jeunes ouvriers ou les jeunes ouvrières ayant appartenu
à des écoles catholiques. Quelques-uns de
ces patronages appartiennent à des sociétés
particulières comme la *Société de Saint-Vin-
cent de Paul* qui réunit près de 10.000 adolescents, comme les *Œuvres de jeunesse* des Frères
aussi qui en groupent 7.000 ; mais un grand
nombre de patronages sont des réunions parois-
siales. Or, dans les paroisses les plus déshéritées
de Paris, il est rare de ne pas trouver au moins
un patronage de filles. Les atteintes actuellement
portées aux écoles libres auront pour effet
d'augmenter encore l'influence des directeurs

et directrices de patronages en permettant au clergé de créer de nouvelles œuvres dans les locaux des écoles désormais supprimées.

Si vous tenez compte de la population scolaire de nos écoles libres qui s'élève au chiffre de 91.397 enfants des deux sexes ; si vous y ajoutez le nombre d'adolescents réunis au sortir de l'école communale dans 300 patronages ou œuvres diverses, nous pouvons affirmer, la population globale des écoles de Paris étant de 229.907 enfants, que nous atteignons actuellement plus de la moitié des écoliers ou apprentis [1].

M. le rapporteur a donc eu raison de nous indiquer les œuvres de patronages catholiques comme étant le plus vaste champ ouvert à l'activité du sociologue soucieux de diminuer les tristes conséquences du fléau que nous déplorons. Il ne m'appartient pas de le féliciter, mais je tiens à le remercier d'avoir constaté l'influence morale exercée dans ces œuvres.

Eh bien, je suppose que c'est à l'un de ces milieux choisis que, devenu membre de la

---

1. Ces chiffres, fournis par les statistiques en 1900, ne doivent pas encore avoir été sérieusement modifiés.

Société de prophylaxie sanitaire et morale, je veuille m'adresser. Ne croyez point, parce que j'aurai franchi la porte d'un patronage catholique, que je me trouve en face d'un auditoire homogène, apte à recevoir avec fruit mon enseignement scientifique et moral. Bien au contraire. Oui, même dans ce milieu spécial soumis à l'influence des idées chrétiennes, je ne puis appliquer la grande loi de l'enseignement, que tous les éducateurs, depuis Jean-Jacques Rousseau et Pestalozzi jusqu'à Herbert Spencer, ont reconnue, qui consiste à connaître la pensée intime de l'élève, à aller discrètement mais sûrement jusqu'au tréfonds de sa conscience, à respecter les sentiments d'une droite pudeur, à n'éveiller aucune curiosité malsaine, à faire œuvre, en un mot, d'analyse individuelle si l'on veut faire œuvre utile et féconde.

Médecins pour la plupart, Messieurs, habitués à des confidences toutes personnelles, vous n'avez pas autant que nous peut-être — laissez-moi très respectueusement vous le dire — la connaissance des difficultés d'un enseignement public, surtout dans les milieux ouvriers. Il nous faut, en des sujets bien moins délicats à coup sûr que celui que vous avez à traiter, tenir

compte de la précocité des enfants, de leur origine de race, de leur éducation familiale, de la
profession encore des parents (et nul n'ignore la
puissante influence exercée au point de vue éco-
nomique et moral par la profession dans les milieux ouvriers). Le grand tort est de s'être
habitué à prendre Gavroche pour le type du
gamin de Paris. La réalité est que dans nos
patronages, aussi bien que dans les patronages
laïques, nous ne nous trouvons pas en présence
de Gavroche seul, et le langage que nous tien-
drions aux filles des Thénardier, nous ne pouvons le tenir à la fille de Jean Valjean.

C'est ce que me rappelait, il y a quelques
jours, un laïque éminent, actuellement professeur dans un cours ouvert aux jeunes filles du
V^e arrondissement, et qui possède la plus
grande expérience des milieux ouvriers : « Si
votre conférencier, m'écrivait M. Raoul Narsy,
ne s'enferme pas dans des généralités vagues
et qui ne feront que troubler de jeunes auditeurs, s'il précise, s'il procède à l'exposé métho-
dique des tares vénériennes, c'est donc qu'il
suppose son public au courant de ce que Rémy
de Gourmont appelle « la mécanique sexuelle ».
Et s'il s'adresse à un public collectif, c'est donc

aussi qu'il le croit homogène. Et cela n'est pas exact. On est obligé de convenir que beaucoup de très jeunes gens et de très jeunes filles sont au courant de choses que ni parents ni maîtres ne leur ont apprises ; mais déjà, que de nuances ! elles vont de la cessation de l'ignorance pure et simple, jusqu'à la perversité confirmée. Pourtant, il faut admettre qu'il subsiste plus qu'on ne croit d'adolescents candides qu'aucune curiosité, qu'aucun trouble des sens n'a encore inquiétés. Une famille, une classe, un atelier même présentent de telles disparités. Est-il admissible qu'on parle à tous le même langage?... Du reste — et j'invoque ici ma propre expérience d'un enseignement devant les jeunes filles — je ne crois pas du tout à l'efficacité de la parole collective quand il s'agit de matières délicates. Ce n'est pas de cet enseignement-là qu'on pourrait dire : « Chacun en a sa part et tous « l'ont tout entier. » L'auditoire, à ces moments-là, devient agité et frivole. Il écoute et n'entend pas ; il ne reçoit qu'une impression fugitive, à moins qu'elle ne soit malsaine. J'ai eu ce sentiment très net en commentant devant des élèves généralement sérieuses quelques passages de Rabelais... »

Il y a donc, Messieurs, même dans un public choisi, ouvrier et ouvrier, ouvrière et ouvrière, et je ne pense pas que le même enseignement puisse, également, avec le même fruit, être adressé à toutes les catégories d'ouvrières? Procéder ainsi serait, en effet, procéder à la façon de Sangrado et donner à tous les malades présents, passés ou futurs, les remèdes qui ne conviendraient qu'à un seul. Le temps de Gil Blas est heureusement passé, et nous sommes tous témoins, nous autres prêtres, du soin particulier avec lequel les médecins de nos jours établissent leur diagnostic, de la méfiance justifiée qu'ils éprouvent pour les généralisations. Leur analyse est rigoureusement personnelle, et ils repoussent toute approximation.

C'est cet exemple, Messieurs, que nous devrions suivre en matière de prophylaxie sanitaire et morale, occupons-nous de l'individu plus que de la collectivité, informons-nous de ses goûts, de ses tendances personnelles, de ses besoins et de ses aspirations; évitons dans le traitement hygiénique ou thérapeutique que nous lui donnons préventivement tout absolutisme, et nous éviterons ainsi de tomber dans cette manie de réglementation et de généralisation à outrance qui a fait succomber sous le ridicule des œuvres cependant éminemment utiles.

Je ne dis pas, Messieurs, — car je ne veux pas m'exposer moi-même au reproche de vouloir généraliser, — que vous n'arriverez jamais à trouver l'occasion de placer dans nos patronages d'apprentis et de jeunes ouvriers votre conférence collective. J'indiquerai bientôt dans quelles circonstances, dans quelles conditions de temps et de milieu. Mais j'ai tenu à vous signaler les difficultés que vous rencontreriez tout d'abord à tenir le même langage à des jeunes gens de seize à vingt ans que tout différencie, encore une fois (et chaque mot ici a son importance !) : *l'âge et le degré de précocité, l'origine, le milieu familial, l'éducation, la profession des parents, leur profession à eux-mêmes.* Encore une fois, l'expérience seule apprend à connaître les difficultés que l'on rencontre à donner à un groupe d'enfants du peuple des notions de morale appropriée à leur situation particulière. Nous ne réussissons d'ordinaire qu'en prenant chaque enfant à part, en répondant loyalement à ses questions, en tenant compte des conceptions originales, des dispositions d'âme de chacun, des préjugés et des préventions aussi dont il peut être la victime.

— « Je n'ai pas eu dans mon école, m'écrivait encore un ancien professeur, homme déjà âgé et dont je goûte fort les causeries toutes marquées au coin de la plus grande expérience, de la plus fine observation, je n'ai pas eu dans mon école cinq adolescents ayant la même manière de penser et de sentir. Peu de traits sont communs à nos écoliers... Je me trompe : on rencontre chez tous, avec une intelligence très éveillée, mais d'ordinaire peu disposée à la réflexion, une grande mobilité d'impression et une grande légèreté qui les empêchent de recevoir avec fruit les enseignements moraux. Ils apprennent la lettre, et bien peu savent comprendre et retenir le sens.

« Si vous ajoutez que tous possèdent au plus haut degré l'esprit de raillerie poussé à l'extrême et un respect humain qui en font trop souvent des fanfarons de vice, vous comprendrez le peu d'impressions, je dis d'impressions durables qu'un enseignement collectif basé sur la peur d'un mal que d'autres leur diront après tout hypothétique, pourra produire sur eux. » Et mon correspondant ajoutait ces mots que je livre à vos méditations : « Les vrais adversaires de l'enseignement que vous voulez donner se trouvent aujourd'hui installés trop souvent au foyer de l'ouvrier. Il est peu de pères qui ne se permettront de gouailler devant leurs enfants mêmes l'enseignement scientifique que vous aurez entrepris de donner. Commencez par enseigner les pères, si vous voulez être utilement entendus par les fils ! »

Je traitais, Messieurs, d'odieux pessimiste l'auteur de ces quelques lignes, lorsqu'une Société qui poursuit le même but que la vôtre me donna l'occasion d'admirer au contraire la justesse de ses observations.

J'habite, rue Madame, au coin de la rue de Fleurus, dans un quartier désert pendant la plus grande partie de la journée, mais qui présente, de 11 heures à 1 h. 1/2, la plus grande animation. C'est l'heure du repas des ouvriers imprimeurs typographes; c'est aussi l'heure où ils causent à la porte de leurs nombreux ateliers en attendant le coup de sirène qui doit les rappeler au travail.

Il y a quelques semaines, je vis un groupe assez nombreux composé d'ouvriers déjà âgés et surtout de jeunes ouvriers, d'apprentis et de jeunes filles arrêtés devant une affiche rouge apposée sur les murs de l'imprimerie Lahure.

Je m'approchai avec les deux étudiants qui m'accompaguaient et je reconnus l'affiche d'une Société qui porte presque le même nom que le vôtre. Vous me dispenserez, Messieurs, de répéter ici les explications et les commentaires donnés par les ouvriers aux jeunes ouvrières. Hélas ! le langage cynique des apprentis bellâtres était encore dépassé par celui des ouvriers âgés. Et toutes mes perplexités, toutes mes hésitations, tous mes doutes à l'égard de l'efficacité d'éclaircissements par l'enseignement collectif et public se sont alors réveillés.

II. — Nous rencontrerons, Messieurs, de nouvelles *difficultés* et plus grandes encore dans l'exposition même du sujet que nous aurons à traiter. Et la première qui s'est présentée à moi s'est présentée sous la forme toujours brutale d'un dilemme : Ou bien, m'a-t-on dit, votre enseignement collectif sera incomplet, et vous vous bornerez à vouloir effrayer vos auditeurs en leur présentant la question sous un seul de ses aspects, le plus effrayant, et dès lors, votre enseignement sera taxé de déloyal par quelques-uns, de dangereux par plusieurs... Ou bien votre enseignement sera complet, il comprendra les moyens préventifs et les remèdes très souvent efficaces, et cet enseignement n'effraiera plus, deviendra même immoral; dans ce dernier cas du moins, votre Société pourra faire œuvre de prophylaxie sanitaire, elle n'aura plus le droit de se dire une Société de prophylaxie morale.

J'avoue, Messieurs, que ce dilemme, à regarder de près, offre quelques fissures lorsqu'il s'agit d'un enseignement collectif s'adressant à de jeunes ouvriers, fissures que vous saurez bien reconnaître; mais il me paraît irréfutable lorsqu'il s'agit de s'adresser collectivement à de jeunes ouvrières. Il y a là une nouvelle distinction qui s'impose à mon sens. Nous ne pouvons en effet mettre sur le même pied les jeunes ouvriers qui sont les propagateurs quelquefois inconscients, le plus souvent conscients du mal, et les jeunes filles — (je ne parle pas des professionnelles du vice, nous ne les visons pas ici) — qui ne font que subir passivement des maladies qu'un enseignement suivi et minutieux pourrait seul leur apprendre à reconnaître. Vous avez intérêt à effrayer les jeunes ouvriers, soit, et votre enseignement pourra peut-être devenir pour plusieurs, à défaut de la crainte du Seigneur, le commencement de la sagesse, mais je redoute pour les jeunes filles les effets de ces conférences collectives qui leur apprendront à connaître le mal sous ses aspects les plus hideux. Et quel moment choisi pour frapper d'une manière violente l'imagination des jeunes filles, *seize ans*, c'est-à-dire le moment où la puberté s'établit chez elles, où elles ont à lutter contre deux ordres d'accidents liés souvent l'un à l'autre par des rapports de cause à effet, et qui trouvent, dans l'équilibre instable de la santé à cette période de la vie des jeunes filles, une occasion favorable pour se produire : les uns ont pour point de départ, disait mon père [1], une altération profonde du sang et ils se résument dans la *chlorose;* les autres ont leur source dans le système nerveux et constituent les *maladies de nerfs,* synthèse déplorable qui condense tout un monde de souffrances, lesquelles peuvent avoir, si on n'y prend garde, leur retentissement dans toute la vie et faire d'une jeune fille qui aurait pu être une femme saine et vigoureuse, une hystérique. C'est donc le moment où l'on doit écarter tout

1. *Éducation physique des jeunes filles,* par le professeur J.-B. Fonssagrives. Delagrave, éditeur.

ce qui peut surexciter la sensibilité ou faire vibrer les nerfs. Si ce que disait le professeur Courty, à Montpellier, est vrai, si la limite supérieure de l'âge à laquelle la puberté s'établit peut atteindre vingt ans, la moyenne n'étant que de quinze ans et une fraction, on a le droit de nous demander de ne pas fixer la date d'un enseignement collectif qui pourrait trop fortement frapper le clavier nerveux, de retarder du moins cet enseignement jusqu'au moment où ce travail sera terminé, qui fait de l'adolescente une femme ; on a le droit surtout, et les opposants à l'enseignement collectif ne manqueront pas d'user de ce droit, d'affirmer que nos conférences lumineuses et nos exhibitions de figurines en cire seraient susceptibles de produire, au détriment de nos auditrices, certains inconvénients physiques, d'engager gravement notre responsabilité.

Au point de vue moral, ils seront à leur aise, lorsqu'ils nous demanderont ce que sera la psychologie d'une jeune fille dont l'esprit demeurera hanté par les tristes images qui auront été placées sous ses yeux.

Qu'on ne me dise pas qu'aborder ce côté de la question, c'est faire œuvre de sentiment... Tant

qu'il ne m'aura pas été démontré que les statistiques dressées dans certains hôpitaux s'appli-
quent au plus grand nombre des jeunes filles de
la classe ouvrière, j'estimerai que le sentiment
a droit de parler en semblable matière; et j'ai
trouvé précisément à ce sujet, dans le rapport de
M. le Dr Burlureaux, bien des pensées qui lui
font le plus grand honneur et qui m'ont prouvé,
à moi qui ne connaissais pas M. le rapporteur,
que le cœur était chez lui à la hauteur du talent.

Oui, Messieurs, il faut traiter l'ouvrière comme
vous traiteriez les êtres purs et chastes qui font
le charme et la joie de vos foyers. Qu'elle ne soit
pas plus exposée que votre fille à voir dans l'hon-
nête homme qui se présentera chez ses parents,
aisés ou pauvres — peu importe — un mâle ayant
peut-être en lui les stigmates du vice que sa mémoire et son imagination opposeront aux élans
d'un innocent amour. Je n'insiste pas sur ce
point, Messieurs, et je me contente de vous dire :
« Ne mettons point de la lèpre sur l'amour, et,
sauf le cas de force majeure, laissons le plus possible à l'ouvrière, comme aux jeunes filles du
monde, un peu de cet idéal que comprenait si
bien et que comprend encore la vieille chanson
dont l'humanité, pour parler comme Jaurès, a

été si longtemps et si doucement bercée. »

C'est à la mère, c'est à l'institutrice, c'est à la directrice d'œuvre, aidées du médecin que revient le devoir d'éclairer la jeune fille, en tenant compte des circonstances de temps et de milieu; ce n'est pas, dans tous les cas, à des conférenciers de passage.

III. — Difficultés de la part de l'auditoire; difficultés dans l'exposition du sujet; *difficultés* également, Messieurs, d'un ordre moins élevé, mais dont il faudra tenir compte dans la pratique, de la part des directeurs ou directrices d'œuvres, de la part des parents surtout, difficultés celles-là presque insurmontables et qui nuiront certainement au succès d'un enseignement collectif auprès des jeunes gens.

J'ai peur que notre honorable rapporteur ne se soit mépris sur les dispositions de ceux et de celles qu'il nous a désignés comme devant être les précieux auxiliaires de l'œuvre entreprise par notre Société. Je ne crois pas, Messieurs, — et je me suis livré à une enquête qui m'était facilitée par mes nombreuses relations dans le monde des œuvres, — je ne crois pas que les directeurs ou directrices d'écoles et d'œuvres catholiques (ce sont les seuls au nom desquels j'ai quelque autorité pour parler) soient actuellement disposés à accepter la méthode des conférences adressées à leurs jeunes gens, s'ils acceptent d'être les distributeurs discrets des brochures que vous avez publiées ou que vous vous proposez d'écrire.

Certes, tous, plus que jamais, sont d'avis qu'il y a quelque chose à faire, et c'est, croyez-le bien, avec la plus vive sympathie qu'ils suivent vos efforts dans la lutte que vous avez entreprise contre le plus redoutable fléau. Mais il faut, Messieurs, que vous teniez compte exact de leur situation : d'une part, ils ne peuvent rien faire d'officiel sans le consentement des parents, de tous les parents, et, d'autre part, ils sont tenus, par suite de nos misérables querelles de partis, à la plus grave réserve. A quelque parti, en effet, que vous apparteniez, Messieurs, vous savez trop de quelle surveillance haineuse les passions politiques déchaînées entourent les écoles et les œuvres dirigées par des adversaires. De là, Messieurs, une réserve, une contrainte qui retardent ou interdisent l'action du bien. Je pourrais vous citer à ce sujet des aveux angoissés, mais l'heure s'avance et j'ai déjà trop abusé de votre bienveillante attention.

Au surplus, Messieurs, toutes les réponses que j'ai reçues peuvent se résumer en ces mots : « Faites l'éducation des parents ; faites aussi la nôtre, et, dans la mesure où le pourra chacun d'entre nous, en tenant compte des conditions d'âge et de milieu, vous nous trouverez parmi les meilleurs amis, parmi les plus dévoués propagateurs de votre œuvre ! » M. le Dr Burlureaux traduisait bien cette pensée dans son rapport, lorsqu'il écrivait : « Plusieurs prêtres catholiques n'attendent pour s'enrôler parmi nous que l'orientation qui sera donnée à nos travaux et la physionomie que prendront nos discussions... Tous ne demandent qu'à s'instruire, car ils ne craignent pas la lumière et n'ont pas la pudibonderie pharisaïque que nous avons dénoncée dans certains milieux bourgeois. » Et voici, Messieurs, comment je m'exprimai moi-même dans la préface de la troisième édition des *Conseils aux parents et aux maîtres sur l'Éducation de la pureté* : « Nous sommes donc heureux de signaler « les progrès des idées que nous avons formu- « lées dans les éditions précédentes. Nous faisons « des vœux pour que la Ligue de prophylaxie « sanitaire et morale, en admettant le principe

« d'un enseignement purement individuel, lors-
« qu'elle s'adressera aux jeunes gens, se trouve
« ainsi en entière conformité d'opinions avec
« nous, et permette à ceux que son programme
« avait mis en défiance, de collaborer à ses efforts. »

En définitive, Messieurs, les directeurs et les directrices des écoles et œuvres catholiques ouvrières sont partisans résolus, comme moi, irréductibles, de l'enseignement *individuel* pour les jeunes filles. Ils accepteraient volontiers pour eux et pour les parents un enseignement *collectif.* Ils ne se refuseraient même pas à admettre un enseignement de cette nature pour les jeunes ouvriers, mais à un âge supérieur à celui que vous indiquez. Le plus grand nombre de directeurs de patronages d'adolescents que j'ai consultés, reconnaissent en effet l'utilité d'une conférence collective s'adressant aux jeunes gens de leurs œuvres au moment du service militaire, lorsque le devoir de payer la dette envers le pays vient brusquement arracher leurs anciens élèves et les jeunes gens de leur cercle ou patronage aux influences salutaires dont ils avaient été l'objet, pour les exposer aux dangers de la vie de garnison. L'âge et le changement de milieu, l'éloignement encore de toute direction morale, puisque l'on consigne maintenant aux jeunes soldats les œuvres de préservation qui leur étaient destinées, justifient alors l'emploi d'une autre méthode que celle d'initiation et de persuasion individuelle jusque-là considérée suffisante[1]. Le plus grand nombre de nos directeurs sera donc heureux de faire appel aux lumières de vos conférenciers au moment des retraites du départ.

Remettez-leur alors vos brochures, ils en feront ample distribution, comme ils sont disposés à les distribuer discrètement déjà à chaque adolescent auquel ils estimeront, avec leur expérience et leur connaissance du milieu où cet adolescent se trouve placé, que ces brochures pourront être utiles. Qui donc parmi nous, Messieurs, pourrait encore blâmer l'usage de vos conférences collectives dans certaines œuvres spéciales, comme celle de M. le président Bonjean, dans les prisons encore, ou même dans certains refuges, certains asiles pour les filles et à Saint-Lazare? Nous nous trouvons en effet, dans ces milieux spéciaux, en présence de jeunes gens abandonnés ou coupables.

1. C'est là ce que confirme M. le professeur Fournier, dans ses *Conseils à nos fils,* quand il dit que la virilité vraie n'est atteinte qu'à 21 ans, que le besoin sexuel n'est éveillé que par des excitations malsaines, que la précocité résulte le plus souvent d'une éducation « *mal dirigée* ».

Tous, Messieurs, nous avons le sentiment très vif que, à notre époque et étant donné le péril grandissant, une part plus large doit être faite au médecin dans les deux seuls foyers de l'éducation : l'école et la famille. Tous enfin nous demandons que l'on ne sépare jamais dans les éclaircissements individuels ou collectifs l'enseignement moral de l'enseignement scientifique. Ces deux enseignements doivent aller de pair, car si vous négligez le premier, vous ne faites plus de la chasteté une habitude morale, une vertu, c'est-à-dire une force, elle devient simplement une précaution hygiénique imposée par la peur. Et la peur, Messieurs, retient rarement, elle ne convertit jamais personne : « Si ce n'est, m'écrivait encore M. Raoul Narsy, que par la terreur du mal physique qu'on pense agir efficacement sur les jeunes ouvriers, il est permis de penser que ces épouvantes pèseront aussi inégalement sur eux et aussi faiblement devant le tumulte des sens que la peine de mort sur le geste de l'assassin. Une hallucination chassera l'autre... Pour mon compte, ajoutait-il, je crois peu à ces croisades. Leur terrorisme multiplié finit par nous induire en scepticisme. On abuse des croque-mitaines. On entend trop crier au loup. Je ne dis pas qu'on a tort, je dis qu'on s'y habitue. Le vrai remède, vous l'avez donné dans votre ouvrage sur *l'Éducation de la Pureté*. Ne pas faire d'oies blanches, ne pas discréditer l'amour, ne pas l'avilir non plus; mettre à la mode les mariages précoces. La morale et M. Piot seront contents; les spécialistes seuls seront en droit de se plaindre. »

C'est là, Messieurs, ce qu'exprimait encore l'un des membres importants de votre Société, M. Brieux, qui, dans l'une de ses meilleures et plus fortes comédies, *l'Evasion*, s'attaquait vigoureusement aux exagérés qui ont, disait-il, « remplacé la peur de l'enfer par la peur des microbes », ont ainsi déprimé les caractères et fabriqué « des égoïstes et des poltrons ».

Mais c'est à la famille surtout que les directeurs ou directrices d'écoles ou de patronages vous demandent d'adresser vos conférenciers, de distribuer vos brochures. Mon distingué confrère avait raison, dont M. Burlureaux nous a apporté la pensée, lorsqu'il disait que l'éducation prophylactique doit commencer vingt-cinq ans au moins avant la naissance. Ce sont donc les parents qu'il faut convaincre. On ne peut pas décemment et utilement se substituer à eux.

On ne fera rien sans eux ou contre eux.

Là, Messieurs, auprès des parents, se trouve, ainsi que je le montrais dans ma brochure, le nœud de la question qui nous préoccupe; là se trouvent la solution de toutes les difficultés et la réponse victorieuse aux attaques dont votre Société pourrait être l'objet.

Parlez aux pères de famille, découvrez-leur ce qui est leur devoir strict, à moins qu'ils ne veuillent être des pères indignes. Adressez-vous aux mères, ainsi qu'on l'a essayé, et avec succès en Suisse. Répondez aux objections qui font que, dans l'esprit du peuple, le mot de Ricord a trop souvent été pris à la lettre : « Je ne sais pas, disait-il, pourquoi les anciens avaient choisi Vénus pour déesse tutélaire de l'amour... S'ils revenaient sur la terre, ils choisiraient aujourd'hui sûrement Mercure! » Le peuple croit que le Dieu nouveau protecteur de l'amour choisi par Ricord est une divinité infaillible; il a également trop de confiance dans l'efficacité du traitement par l'iodure de potassium, et sa foi est tout entière acquise aux officines louches dans lesquelles opèrent certains docteurs italiens, espagnols, américains, anglais, français. Les annonces qui s'étalent à la quatrième page des journaux ou sur

les ardoises des vespasiennes le rassurent absolument. Luttez contre ces dangereux préjugés.
Détruisez encore dans sa racine cette croyance,
hélas ! généralisée dans les milieux ouvriers, que
l'on se guérit d'un mal contracté dans une première rencontre en affrontant de nouvelles et
aussi dangereuses rencontres.

Éclairez les parents sur les dangers du fléau ;
faites leur éducation pour qu'ils fassent celle de
leurs enfants. Et par ce mot d'*éducation*, je n'entends pas un enseignement sur le seul point qui
nous a préoccupé ce soir : un tel enseignement
serait, comme on le dit, en l'air ; mais j'entends
une éducation complète au point de vue sexuel,
logique et parfaitement liée, obligeant ceux qui
ont mission ou mandat d'expliquer aux jeunes
gens les mystères de la vie, à se départir d'une
pruderie imprudente ou d'un mutisme pharisaïque, à surveiller, diriger, éclairer progressi-
vement l'évolution sexuelle de chaque adolescent,
à le pénétrer de la nécessité de garder sa chasteté jusqu'au mariage, et à ajouter pour lui, s'il
le faut, aux intimidations et aux sanctions d'ordre spirituel et moral la considération des risques et des maléfices de la Vénus impudique.
Alors, Messieurs, du foyer familial de l'ouvrier

cet enseignement scientifique dont vous proclamez aujourd'hui la nécessité pourra descendre efficacement dans l'esprit de l'enfant, surtout dans l'esprit de celui qui aura été préparé par un enseignement moral. Vous aurez ainsi embrassé dans toute son ampleur l'éducation sexuelle, et vous lui aurez donné la solution absolue.

Voilà votre tâche à mon sens, Messieurs. Elle est grande et belle, cette tâche d'éducateurs du peuple : elle a de quoi occuper toutes les facultés de votre intelligence, toutes les puissances de votre dévouement.

Et puis, Messieurs, ce que vous direz au peuple dites-le à ceux qui sont ses mandataires, à ceux qui font nos lois et dont plusieurs sont capables de vous entendre. Qu'ils se préoccupent de frapper dans la source ce mal dont le virus finirait par pénétrer jusqu'à la moelle la population ouvrière. Que les pouvoirs publics, éclairés par vous, favorisent les sociétés d'économie et de prévoyance, les habitations hygiéniques à bon marché, pleines d'air et de soleil, les jardins ouvriers, les publications morales, les sociétés de protection et de tempérance, les œuvres militaires, les patronages, toutes les œuvres de moralisation.

Et, je puis vous l'affirmer, Messieurs, vous

trouverez toujours, dans votre lutte contre le mal, les membres du clergé catholique parmi vos meilleurs et vos plus dévoués auxiliaires.

II

RÉPONSE
FAITE A M. L'ABBÉ FONSSAGRIVES
PAR M. LE PROFESSEUR PINARD
EXTRAIT D'UN ARTICLE
PARU DANS *La Petite République* (29 FÉVRIER 1904)
SOUS CE TITRE : ÉCOLE ET CONFESSIONNAL

« La question qui avait été rapportée par le docteur Burlureaux en un volumineux travail, était celle-ci :

« *Doit-on, oui ou non, éclairer les jeunes gens de la classe ouvrière sur le péril vénérien ! Si oui, par quels moyens et dans quelle mesure?*

« Une conférence contradictoire. — L'abbé Fonssagrives et le professeur Pinard. — La thèse individuelle.

« C'est la discussion de cette question qui fit entrer dans la lice l'abbé Fonssagrives et le professeur Pinard.

« Il s'agissait de jeunes ouvriers âgés d'au moins dix-huit ans, et de jeunes ouvrières d'au moins seize ans.

« L'abbé Fonssagrives déclara d'abord que, quelque scabreux que pût être cet enseignement donné à des jeunes filles, il écartait toutes les objections de principe qui pouvaient être soulevées à ce sujet pour ne retenir que ce texte intégral : *Comment donner aux jeunes gens de la classe ouvrière les éclaircissements que nous leur devons?*

« Sur le fond même de la question, c'est-à-dire sur la nécessité d'enseigner la prophylaxie des maladies vénériennes aux jeunes gens de la classe ouvrière, l'abbé Fonssagrives et le professeur Pinard seront complètement d'accord, mais ils différeront sur les méthodes d'enseignement.

« Écoutez d'abord M. Fonssagrives :

« Il s'agit de savoir, déclare-t-il, si les éclair-
« cissements nécessaires seront donnés à des
« collectivités ou bien à des individualités; si
« nous prendrons comme moyens d'action auprès
« des jeunes gens la méthode que j'appellerai
« directe, celle de distribution de brochure, dis-
« tribution faite sans acception de personne,

« d'affiches encore exposées à la vue de tous et
« de conférences publiques; ou bien si nous
« adopterons au contraire la méthode que j'ap-
« pellerai indirecte, celle d'initiation et de per-
« suasion individuelle assurée auprès des ou-
« vriers par des tierces personnes. »

« Et M. Fonssagrives trouve alors d'innom-
brables difficultés contre la thèse de l'enseignement collectif et fait cette déclaration qui vaut
d'être retenue, la valeur de l'enseignement individuel comme l'entend M. Fonssagrives étant
corroborée par de quotidiens scandales :

« En définitive, Messieurs, dit M. Fonssagri-
« ves, les directeurs et les directrices des écoles
« et œuvres catholiques ouvrières sont parti-
« sans résolus, comme moi, irréductibles de l'en-
« seignement *individuel* pour les jeunes filles. »

« En ce qui concerne les jeunes ouvriers,
M. Fonssagrives voudrait que l'âge où ils pour-
raient recevoir cet enseignement fût élevé, mais
qu'il soit d'abord *individuel*.

« C'est la thèse de l'Église, c'est la thèse de
l'enseignement enveloppant et captieux du confessionnal, la thèse de la maladie honteuse à
à laquelle va victorieusement répondre le professeur Pinard. »

Le professeur Pinard.
L'enseignement collectif.

« Si, par son essence, notre société est sanitaire, proclame le professeur Pinard, j'ajoute qu'elle ne peut pas ne pas être morale, puisque, de par ses conséquences, apparaîtront *une partie des règles qui doivent diriger l'activité libre de l'homme et de la femme.*

« Notre prétention est *d'instruire* d'abord, tandis que vous voulez l'*éducation de la pureté.*

« Il en résulte qu'entre vous et nous, il y a, dès le départ, l'opposition suivante : pour vous, la diminution des accidents vénériens doit procéder de l'éducation de la pureté; pour nous, elle doit être, dans l'espèce — autant qu'elle peut l'être, — de la connaissance de ces accidents; elle doit être la conséquence de l'instruction.

« Aussi vos aspirations ne sont-elles pas les nôtres. Vous voulez porter l'homme plus haut que nature par l'enseignement religieux : vous voulez, dites-vous, le *surnaturaliser*. Nous, nous ne voulons ni le *surnaturaliser*, ni le *contrenaturaliser.*

« Nous voulons simplement que, plus et mieux

éclairé, il agisse selon les lois normales et physiologiques de la nature *saine*.

« Vous reconnaissez vous-même que « *l'en-* « *seignement religieux élève au-dessus de la nature et* « *ne la détruit point* ».

« Et plus loin :

« L'enseignement collectif, voilà votre ennemi ! » Permettez-moi de vous dire de suite que mon opinion est diamétralement opposée à la vôtre.

« Je déclare que l'enseignement spécial que nous voulons donner doit être collectif, exposé au grand jour.

« L'enseignement individuel, l'instruction individuelle, pourra toujours être et sera accusé d'immoralité.

« Notre imprégnation atavique est telle que, sur ce point, tout n'est que préjugé, hypocrisie, ignorance.

« Je ne dirai pas que tout est à refaire, je dis que tout est à faire.

« N'est-il pas monstrueux de voir qualifier de *honteux* les organes qui transmettent la vie !

« La question doit être reprise *ab ovo*. Et à ce propos, je vous demande la permission de vous citer un passage d'une conférence que j'ai eu l'honneur de faire à la Sorbonne, devant un auditoire composé de mères de famille, de jeunes gens, de jeunes filles et de nombre d'éducateurs et non des moindres.

« Parlant des rapports de l'hygiène dans les rapports avec l'instruction et l'éducation, je disais :

« Certains hygiénistes, certains philanthropes, et non des moindres, visent le même but, pensent que l'enseignement de l'hygiène devrait faire partie du cours de morale, au chapitre des devoirs envers soi-même et envers les autres. C'est ce que réclame mon ami Henri Monod en disant : « Il ne s'agit pas ici de quelque chose « d'abstrait qui se présente avec le caractère im- « personnel, désintéressé que doit garder la « science. Il s'agit de vie et de mort : il s'agit, « puisque l'école est l'apprentissage du monde, « d'apprendre de bonne heure aux enfants à éviter « les maladies qui corrompent et abrègent l'exis- « tence, de leur apprendre à les éviter eux-mêmes « et à éviter de les communiquer à d'autres... Nul « n'a le droit de nuire à autrui. »

« J'applaudis à ce langage, déclare le docteur Pinard, je partage absolument ces idées. »

« Le professeur Pinard veut que, dès l'école pri-

maire, cette instruction soit donnée, car le but
de l'enseignement primaire, comme l'a écrit
M. Gréard, est de bien apprendre, dans les diverses matières auxquelles il touche, ce qu'il
n'est pas permis d'ignorer.

La religion de l'humanité.

Tout serait à transcrire dans la belle conférence de M. Pinard, mais nous devons malheu-
reusement nous borner.

Citons pourtant encore ce dernier passage :

« En demandant qu'on apprenne à nos enfants la loi de Lamarck, l'hérédité et ses lois, la
loi naturelle en vertu de laquelle tous les êtres
vivants, végétaux et animaux, tendent à se répéter dans leurs descendants qui héritent de
leurs propriétés, qualités naturelles ou acquises ;
en demandant qu'on leur fasse comprendre que
c'est de cette façon qu'est gouverné le monde
vivant, je crois aussi bien protéger leur *innocence*
que leur *avenir*.

« Je les respecte en agissant ainsi et je leur ap-
prends à vénérer leurs aïeux et à respecter
leurs descendants.

Je voudrais, puisque nous n'avons pas encore pour *l'avarie*[1] ce que nous avons pour la petite vérole, recourir à la vaccination indirecte. Je voudrais commencer à rendre réfractaires les cellules de mes enfants qui dirigent leur individu. Je voudrais, selon la belle expression de mon éminent ami Duclaux, faire l'étroitesse de leurs cellules cérébrales.

« C'est par une instruction et une éducation ainsi commencées que seulement l'instinct sexuel sera scientifiquement dirigé vers le but si élevé qui doit être son terme ultime. C'est seulement alors que l'homme et la femme comprendront la véritable signification de l'acte le plus grave que l'on puisse commettre dans la vie, de l'acte sublime par excellence, de l'acte le plus sacré qu'est celui de procréer.

« La connaissance du péril vénérien aura certainement pour conséquence la réduction du nombre des victimes. Il y aura moins de souffrances, moins de malheureux. Or, tous les philanthropes doivent nous aider dans notre tâche, car, s'il est une religion qui ne peut séparer aucun de nous et qui ne nous dévorera jamais,

1. Nous avons remplacé pour nos lecteurs, par ce mot en italique, une expression qui n'a cours que dans le monde scientifique. — J. F.

c'est celle dont nous sommes ici les apôtres :
j'ai dit la *religion de l'humanité.* »

« C'est sur ces admirables paroles que le savant professeur a terminé sa réfutation de la
thèse de l'enseignement individuel de la prophylaxie des maladies vénériennes préconisée
par l'abbé Fonssagrives.

Petite République, A. S.

III

RÉPLIQUE
A M. LE PROFESSEUR PINARD
PAR M. L'ABBÉ FONSSAGRIVES [1]

Extrait du Compte rendu officiel (*Bulletin
mensuel de la Société française de Prophylaxie sanitaire et morale*, n° 2, année 1904, p. 71 et seq.).

[1]. J'ai tenu à placer sous les yeux du lecteur l'éloge du discours de M. le professeur Pinard, publié dans la *Petite République* du 19 février 1904, quinze jours avant la publication
du Compte rendu officiel où ma réplique au savant professeur
d'accouchement se trouvait *in extenso*. Peut-être se deman-
dera-t-on pourquoi la *Petite République*, si bien docu-
mentée lorsqu'il s'agissait de reproduire les paroles de
M. le professeur Pinard, à la courtoisie duquel je me
plais à rendre hommage, est demeurée muette au sujet
de ma réplique et des nombreuses adhésions qu'elle
rencontra. J'aurais pu faire constater par la presse catho-

M. l'abbé Fonssagrives. — Je demande, Monsieur le président, à présenter quelques observations en réponse au discours de M. le Pr Pinard, qui m'a particulièrement visé. Je serai très bref.

Messieurs, ma première parole doit être une parole de remerciement adressée à MM. les P^{rs} Fournier et Pinard : le souvenir qu'ils ont évoqué de mon père, le Pr Fonssagrives, m'a été droit au cœur, m'a profondément touché. Je tiens à le leur dire très simplement.

lique — notamment dans la *Croix* où M. Franc s'élevait naguère avec éloquence contre l'enseignement promis par M. Liard — le silence de mon savant adversaire qui, mis au pied du mur, ne répondit en somme à aucun de mes arguments; mais, n'ayant point l'habitude d'imposer à mes amis mon opinion au sujet des discours de mes contradicteurs, j'ai préféré laisser à la *Petite République* le soin de faire l'éloge de la réponse de M. le professeur Pinard. Aux lecteurs seuls d'apprécier à quel point fut victorieux le représentant de l'enseignement collectif.

Il est bon qu'ils aient aujourd'hui, sous les yeux, ma réplique. Je les prie de remarquer le soin jaloux avec lequel je suis resté sur le terrain de la saine pédagogie, d'où l'on aurait voulu m'éloigner. Me sera-t-il permis d'adresser l'expression de ma reconnaissance à M. le docteur Paul Petit qui, ne me connaissant pas, a rendu hommage à cette attitude en prenant ma défense, lorsque l'on prétendait, dans une réunion à laquelle je n'assistais pas, que j'avais visé l'enseignement du confessionnal; à M. le docteur Le Fur aussi, qui a si bien montré qu'il s'agissait d'une question touchant à la fois à la médecine et à la morale, et pour la solution de laquelle on ne pouvait pas se passer du concours des éducateurs. Je n'avais pas voulu démontrer autre chose. — J. F.

Messieurs,

En écoutant les éloges que M. le Pr Pinard faisait de la forme et de l'élévation de mon très modeste rapport, je me considérais — pardonnez-moi cette comparaison toute de rhétorique —dans la situation de l'une de ces victimes que le sacrificateur de l'antiquité ornait de fleurs et de bandelettes avant de leur porter le coup fatal... Ce coup m'a été fort heureusement épargné. L'instrument de supplice que je redoutais s'est transformé, entre les mains de mon savant contradicteur, en l'un de ces bouquets de roses dont le plus grand sage de la Grèce caressait le poète Aristophane lorsqu'il le rencontrait dans les rues d'Athènes. C'est à peine, en effet, si je me sens égratigné. Ma conception n'a nullement été atteinte par la maïeutique de M. le professeur d'accouchement Pinard, et mon argumentation subsiste tout entière.

Qu'ai-je essayé de démontrer en effet dans notre dernière réunion ?

D'une part, et j'étais heureux d'être en communion d'esprit avec les orateurs qui m'ont précédé à cette place, j'affirmais que le mal était plus grand, plus terrible qu'on ne le croit d'ordinaire, qu'il était du devoir de tout homme de cœur de combattre le virus qui, peu à peu, s'infiltre jusque dans la moelle de notre race.

D'autre part, j'opposais la méthode d'initiation individuelle à la méthode d'enseignement collectif en matière de prophylaxie sanitaire et morale lorsque l'on s'adresse aux jeunes gens de l'un et de l'autre sexe, et j'indiquais toutes les difficultés que rencontrerait, dans la situation actuelle des esprits, l'adoption en quelque sorte exclusive de la deuxième de ces méthodes :

Difficultés venant des jeunes auditeurs ou des jeunes auditrices, difficultés réelles reconnues par des hommes que j'apprécie comme des éducateurs consommés ; et si j'ai cité quelques-uns de mes amis, c'est que je ne voulais pas redire moi-même, en moins bons termes et avec moins d'esprit, les idées si justes que M. Le Pileur formulait dans une lettre qui vous a été lue et que je vous engage à relire [1].

1. On trouvera cette lettre dans le *Bulletin de la Société de prophylaxie*, 11 janvier 1904, p. 11. — Je crois, dit M. le docteur Le Pileur, en substance, à l'inutilité d'un cours médical comme celui que vous voulez créer. Tous vos conseils devraient se borner à un seul qui les comprend tous : *Méfiez-vous du séducteur...* Si pour certaines

Difficultés provenant du sujet même à traiter. J'enveloppais M. le Pr Pinard dans un dilemme d'où, qu'il me permette de le lui dire, il ne semble pas encore être sorti. Ou bien, disais-je, votre enseignement sera incomplet, il aura pour but unique d'effrayer et pourra produire de fâcheux effets sur certaines imaginations, sur certains cerveaux féminins, surtout à l'heure de la puberté ; et alors cet enseignement sera déloyal et dangereux. Ou bien votre enseignement sera complet, il supposera chez tous les auditeurs la connaissance du mécanisme sexuel, il comprendra les moyens préventifs et les traitements presque toujours efficaces, et il n'effraiera plus ; il pourra justement être taxé d'immoralité. Dans tous les cas, ajoutais-je, votre Société pourra continuer à s'appeler Société de prophylaxie *sanitaire*, elle n'aura plus le droit de se

jeunes filles qui n'ont pas d'autres barrières pour les arrêter, la crainte de l'hôpital est le commencement de la sagesse, c'est celui de M. Pinard qu'elles redoutent et non celui de M. Fournier. Je crois même, sans trop m'avancer, que, bien instruites des causes et des effets, mais obligées de choisir entre Saint-Louis et Baudelocque, leur choix ne serait pas long, et qu'elles donneraient, sans hésiter, la préférence à la maison du roi de France... — On lira aussi avec intérêt dans le *Bulletin* du 10 février, p. 79, le discours de M. Prosper Merklen conçu dans le même esprit, et, dans le *Bulletin* du 10 juin 1904, p. 28, celui de Mme Pokitonoff.

dire une Société de prophylaxie *sanitaire* et *morale*.

Je sais bien que le P* Pinard m'oppose ce qui a été dit, il y a trois ans, lors de votre première assemblée. Mais est-il bien sûr que votre Société se soit interdit tout autre terrain que le terrain de la prophylaxie purement sanitaire? Il me semble, Messieurs, que vous avez déjà traité ou que vous avez inscrit à l'ordre du jour des questions où le moraliste est appelé à jouer le plus grand rôle : *La démoralisation de l'idée sexuelle*, par exemple, *le célibat, le mariage* encore. Ma présence ici, comme celle de tous ceux que j'aperçois et qui n'ont point passé leur doctorat en médecine, n'est-elle pas une preuve que votre Société est une Société de prophylaxie morale en même temps qu'une Société de prophylaxie sanitaire?

Sinon, que faisons-nous ici?

J'aurais pu, Messieurs, me montrer plus sévère que je ne l'ai été, le 10 janvier, au sujet de l'efficacité d'un enseignement scientifique adresse à des collectivités de jeunes gens. Je regrette de n'avoir point ce soir le passage des *Cliniques chirurgicales* où M. le P* Tillaux explique les raisons qui le font passer très rapidement devant des auditeurs qu'il estime *personnellement expé-rimentés* sur les maladies qui nous occupent[1], mais j'ai présente à ma mémoire une leçon d'ouverture de cours prononcée le 31 janvier 1902, par M. le Pr Landouzy[2] : « *Est-ce que je sache, disait-il, que les élèves en médecine en contact dès l'abord avec les malades vénériens, n'ignorant rien des risques qu'ils encourent, soient, par hasard, moins meurtris que leurs camarades du droit ou des lettres ?* »

M. le Pr Pinard ne m'en voudra pas d'oppo-ser à son appréciation celle de son éminent col-lègue M. le Pr Landouzy, et il comprendra mieux les doutes que j'éprouve sur l'efficacité d'un en-seignement exclusivement scientifique.

Si, d'autre part, je n'ai pas, au point de vue de la formation morale de l'adolescent, insisté, comme j'aurais pu le faire, sur les dangers d'un enseignement collectif, c'est que le temps m'a manqué. Il m'eût été facile de reprocher à cet enseignement d'exciter l'imagination alors que les (*centres d'arrêt* pour parler comme Ribot) : *at-tention, réflexion, volonté*, ne sont point suffisam-

1. *Traité de chirurgie clinique* du Pr TILLAUX, t. II, p. 330-331, 5e édition.
2. *La Presse médicale*, 5 février 1902.

ment développés, alors que la volonté surtout, qui, seule, peut faire obstacle aux écarts de l'imagination, n'est point encore exercée.

Voilà pourquoi je demandais qu'un enseignement de ce genre soit, en dehors de certains cas spéciaux, exclusivement réservé aux adultes chez lesquels la réflexion et la volonté sont plus fortes que l'imagination.

Cet enseignement que M. le Pr Pinard voudrait établir serait *collectif* : il s'adresserait à la foule, c'est-à-dire à une mentalité très inférieure et tout impulsive. Je crois, pour ma part, que cet enseignement, destiné à exciter l'imagination, ne ferait qu'aggraver les faiblesses psychiques et la fragilité des centres nerveux chez les jeunes auditeurs et auditrices. J'estime que l'enseignement *individuel*, le seul qui permette de tenir compte des dispositions d'esprit, des facultés cérébrales de chaque adolescent et de les soumettre à une surveillance suivie, est seul apte à produire des résultats satisfaisants, car il ne préserve pas uniquement le jeune homme des écarts de l'imagination, il le guide sûrement et l'aide puissamment à devenir, à demeurer maître de lui-même. Je conclus, par voie de conséquence, que l'enseignement *collectif*, blessant des pudeurs et des susceptibilités légitimes dont le conférencier n'a point conscience, est toujours immoral, tandis que l'enseignement *individuel*, lui, n'est immoral que si l'éducateur est immoral.

Difficultés enfin provenant des directeurs et des directrices d'œuvres, des maîtres, des parents, de tous ceux que M. le Dr Burlureaux représentait comme les auxiliaires naturels des membres de notre Société dans leur lutte contre le terrible fléau. Je vous ai donné mon opinion à ce sujet, et mon opinion était celle du directeur général des œuvres de jeunesse des Frères, celle des directeurs de nos principaux patronages. Elle se résume en ceci : dans la situation actuelle, si nous faisions donner, en dehors de quelques circonstances particulières[1], un enseignement collectif semblable à celui que l'on veut donner, nous n'aurions qu'à fermer nos écoles et nos œuvres. Il faut absolument tenir compte de l'opinion des parents[2].

1. *Bulletin de la Société de prophylaxie sanitaire et morale*, 1er numéro, janvier 1904, p. 13.

2. C'est bien aussi l'opinion de M. le professeur Pinard, lui-même, qui, dans la séance du 11 mars 1901, s'exprimait en ces termes : « Voulez-vous que je vous fasse un aveu ? Vous connaissez tous mes opinions ; je ne cesse de crier, de pro-

Oui, Messieurs, il faut absolument tenir compte de l'opinion des parents ; vous ne ferez rien sans eux et contre eux.

Il faut tenir compte aussi — à ce que je me suis laissé dire par de savants jurisconsultes, en particulier par un éminent professeur de droit de la Faculté de l'État, — de la législation. Sans doute, au point de vue pénal, la responsabilité de vos conférenciers serait à couvert ; mais elle ne serait pas à l'abri des articles 1382 et 1383 du Code civil.

Ce dernier est ainsi conçu : « Chacun est responsable du dommage qu'il a causé non seulement par son fait, mais encore par sa négligence ou par son imprudence. »

Voilà, Messieurs, les difficultés qui s'opposeront à l'admission générale de vos conféren-

clamer, que personne plus que moi ne craint, ne redoute les maladies vénériennes. J'ai des fils. Eh bien, nous avons tous une telle imprégnation atavique, on nous a toujours et tellement parlé d'organes honteux, de maladies honteuses que, moi-même, *j'ai toujours hésité à entretenir mes fils de ces questions, et j'ai été heureux d'avoir des gendres médecins pour les en instruire !* » (*Bulletin* du 11 mars 1904, p. 124.) Mais alors, M. Pinard, ainsi que le faisait remarquer M. le docteur Burlureaux, a tort de condamner l'enseignement individuel qu'il a fait donner par ses gendres à ses fils, et n'est-ce pas le cas de dire : *Medice, sana te-ipsum !* (Cf. *Bulletin* du 18 avril 1904, p. 170.)

4

ces collectives. Je ne crois pas que M. le professeur Pinard les ait résolues dans le discours que nous venons d'entendre.

Je doute fort que la discussion qui va suivre nous rapproche. Mon éminent contradicteur envisage en effet la question à un point de vue tout spécial qui ne peut être le mien. Nos conceptions ne sont pas les mêmes. M. le Pr Pinard est médecin et il raisonne en thérapeute ; je suis éducateur et je raisonne en éducateur. M. le Pr Pinard semble subordonner Minerve à Hygie, la morale à la médecine, et considérer les éducateurs comme ayant pour principale mission d'appliquer les programmes que les disciples d'Hippocrate ou de Galien voudront bien formuler. Je prétends au contraire — et j'ai, n'est-il pas vrai, quelque mérite à le dire, devant une Société en grande partie composée de médecins — que c'est le médecin qui doit être l'auxiliaire de l'éducateur, auxiliaire, il est vrai, qu'il nous faudra très souvent consulter et toujours respecter.

Vous le voyez, le désaccord est entre nous plus grand qu'il ne le paraissait d'abord. M. le Pr Pinard s'efforce d'obtenir des continents par la peur de maladies redoutables, je m'efforce d'en obtenir par une pédagogie sexuelle, une éducation tout individuelle, logique, progressive et suivie. Ricord aurait dit que M. le Pr Pinard et moi nous sommes aux antipodes, mon éminent contradicteur représentant le nouveau continent et celui qui vous parle en ce moment l'ancien continent. J'estime que l'ancien continent a du bon et je continuerai à le défendre.

Ces quelques observations, Messieurs, me paraissaient nécessaires, mais je ne puis oublier qu'il y a d'autres orateurs inscrits. Parmi eux, je rencontrerai peut-être des contradicteurs ; j'espère rencontrer aussi des partisans de mes idées. Je leur laisse la parole aujourd'hui. Que M. le Pr Pinard se rassure. Je ne limiterai probablement pas ma réponse aux observations que je viens de lui présenter. Il a reconnu en moi ce que j'ai admiré en lui : un esprit combatif à l'égard des idées, très tolérant à l'égard des personnes. Je le retrouverai donc bientôt. Ce sera toujours avec la même courtoisie, le même respect et la même fermeté [1].

1. M. Pinard se contenta de me répondre, en deux mots, que sa conception n'était pas la mienne et qu'il pouvait affirmer que M. le professeur Tillaux était, comme lui, partisan de l'enseignement collectif. (Cf. *Bulletin* de la Société, 11 mars 1904.)

IV

CONCLUSION
DU RAPPORT DE LA COMMISSION
EXTRAIT DU BULLETIN DE LA SOCIÉTÉ
1904, N° 2, P. 87 ET SEQ. [1]

Dans la question qui nous occupe, par *jeunes gens* de la classe ouvrière, que faut-il comprendre? Convient-il d'entendre seulement les jeunes gens de seize à vingt et un ans qui ne fréquentent plus l'école, qui gagnent leur vie par le travail manuel et vivent ou non avec leurs parents? En d'autres termes, est-il nécessaire de faire une distinction entre les *jeunes gens* et les *adultes?* Cette distinction, *à priori*, peut

---

[1]. Ayant eu à défendre l'enseignement individuel non seulement devant la *Société française de prophylaxie sanitaire et morale*, mais au sein même d'une Commission, nommée par cette Société, présidée par M. Pierre Baudin, député, ancien ministre, et composée de Mme Avril de Sainte-Croix, de MM. les docteurs Bar, Berthod, Burlureaux, Michaux, Polin et Simon, MM. Bachelet, fort aux Halles centrales, Baudelot, avocat à la Cour d'appel, l'abbé Fonssagrives, Jules Lemaître, de l'Académie française, et Maure, député, je crois édifiant, pour le lecteur, de reproduire quelques extraits du rapport de M. le docteur Polin.

paraître subtile ; cependant la Commission réunie le 18 janvier, sous la présidence de M. Pierre Baudin, a été de cet avis. Les membres présents : MM. Baudin, Bar, Berthod, Burlureaux, Fonssagrives, Maure, Polin et Simon, ont été unanimes à penser que, pour arriver aux *jeunes gens*, le meilleur moyen était de s'adresser d'abord aux *adultes*, c'est-à-dire aux *parents* des jeunes gens, dans la mesure du possible. C'est pourquoi la Commission, avant de soumettre à votre appréciation son opinion sur chacun des six vœux présentés par le Dr Burlureaux comme conclusions de son rapport, et de vous proposer des formules définitives à cet égard, a décidé de présenter à votre discussion — préalablement avant tout — une proposition qu'elle considère comme essentielle, et qui domine toute la question : cette proposition — qui n'est pas textuellement formulée dans le rapport, mais qui s'en dégage évidemment — est la suivante :

« *Quel que soit le mode de propagande adopté, le* **meilleur moyen** *d'arriver à mettre en garde les* **jeunes gens** *de la classe ouvrière contre le péril vénérien est de s'adresser d'abord et autant que possible aux parents ou à ceux qui les représentent, c'est-à-dire* **aux adultes.** »

Sans cette précaution dont vous apprécierez la convenance et la prudence, la propagande, quelle qu'en soit la forme, est exposée à se heurter à beaucoup de difficultés, même d'ordre légal. Le plus petit défaut de mesure pourrait avoir, malgré les meilleures intentions du monde, des conséquences regrettables, dont la moindre serait de retarder, sinon de compromettre, le résultat de nos efforts.

Bien qu'incontestablement, une évolution générale s'opère dans le grand public, il faut — en attendant que cette évolution soit plus complète et que les esprits soient mieux préparés — compter avec l'état actuel et user de prudence : or, en dehors de certaines conditions de propagande individuelle, — il n'est pas toujours prudent de s'adresser directement aux jeunes gens.

La *Société de Prophylaxie*, d'ailleurs, semble s'être prononcée déjà, à l'unanimité, sur le principe de la proposition que votre Commission lui soumet aujourd'hui, lorsqu'elle a approuvé, il y a trois ans, dans sa séance du 10 juillet 1901, les conclusions présentées par le professeur Fournier, relatives à la propagande dans les centres scolaires : il s'agissait du vœu rela tif à « *un enseignement spécial à faire à tous les élèves âgés de plus de seize ans*, SOUS RÉSERVE DE L'AUTORISATION DES PARENTS OU TUTEURS ». C'est le vote d'un principe à peu près analogue que la Commission demande aujourd'hui.

Il est absolument nécessaire que les *jeunes gens* de la classe ouvrière soient éclairés sur le péril vénérien; c'est pour eux un droit et un besoin pressant. Il suffit, pour apprécier l'étendue du danger, de se rappeler que le *quart* des maladies vénériennes est contracté avant la vingtième année et que, dans cette proportion, la *syphilis* entre pour *plus de moitié;* il n'est donc pas possible de laisser côtoyer un péril aussi grand sans faire tout au monde pour le prévenir ou le diminuer. Pour y arriver, votre Commission reconnaît comme indispensable l'éducation préalable des parents; elle pense qu'il faut commencer par éclairer les adultes, et que la voie des parents est la voie la plus naturelle et la plus sûre pour arriver aux enfants. La propagande chez les *jeunes gens* de la classe ouvrière doit donc commencer, autant que possible, par les parents.

Lorsque la Société se sera prononcée sur ce principe, une division dans l'examen des conclusions du rapport de M. Burlureaux s'imposera : nous nous occuperons séparément et d'abord des *adultes;* puis, par l'intermédiaire de ceux-ci, autant que possible — ou avec leur autorisation, — nous nous adresserons aux *jeunes gens.*

C'est pour cette raison que votre Commission, dans sa réunion du 18 janvier, n'a examiné que les quatre premiers vœux du rapport de M. Burlureaux, qui, tous les quatre, sont relatifs aux adultes. Elle vous présentera, dans une séance prochaine, des conclusions au sujet du cinquième et du sixième, relatifs aux *jeunes* ouvriers et aux *jeunes* ouvrières [1].

---

1. Il est bon de rapprocher le texte de ce rapport de la discussion qui eut lieu à l'origine de la *Société de prophylaxie* (10 juillet 1901) et du vœu alors émis en faveur de l'enseignement collectif pour les jeunes gens. La lutte n'a donc pas été stérile, et les défenseurs de l'enseignement individuel peuvent, en présence des progrès obtenus, espérer le prochain triomphe de leur cause. Puisse la promesse faite par M. Liard demeurer longtemps à l'état de lettre morte dans les dossiers du Conseil supérieur de l'Instruction publique. — J. F.

TABLE DES MATIÈRES

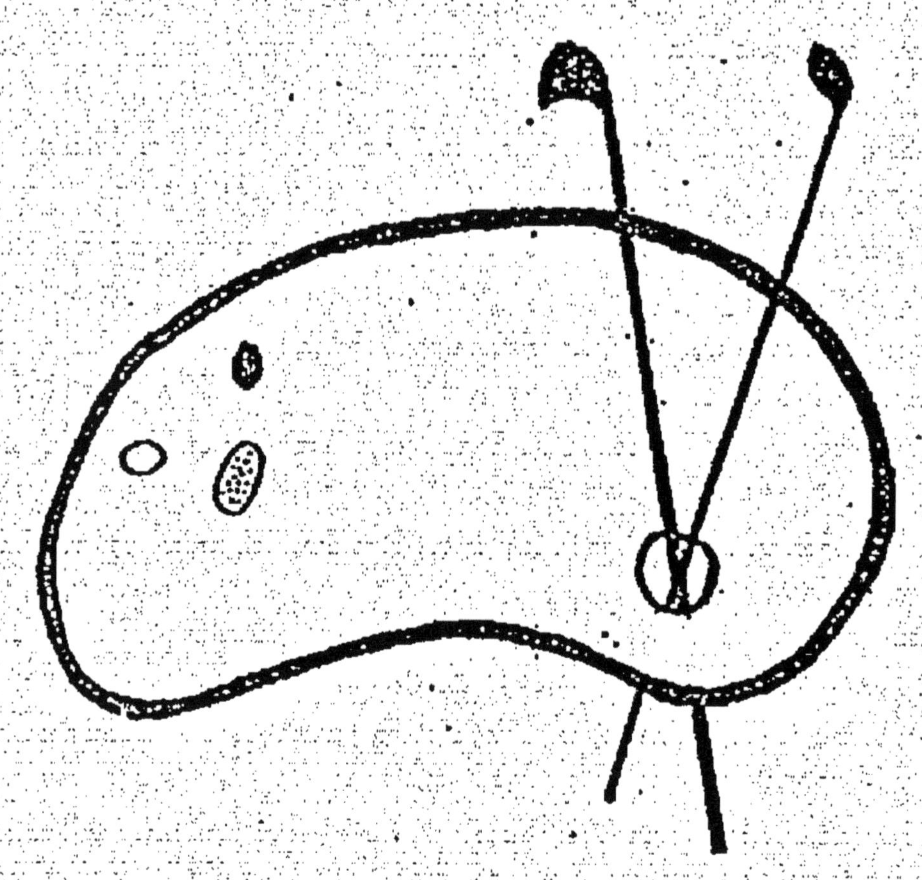

ORIGINAL EN COULEUR
NF Z 43-120-8

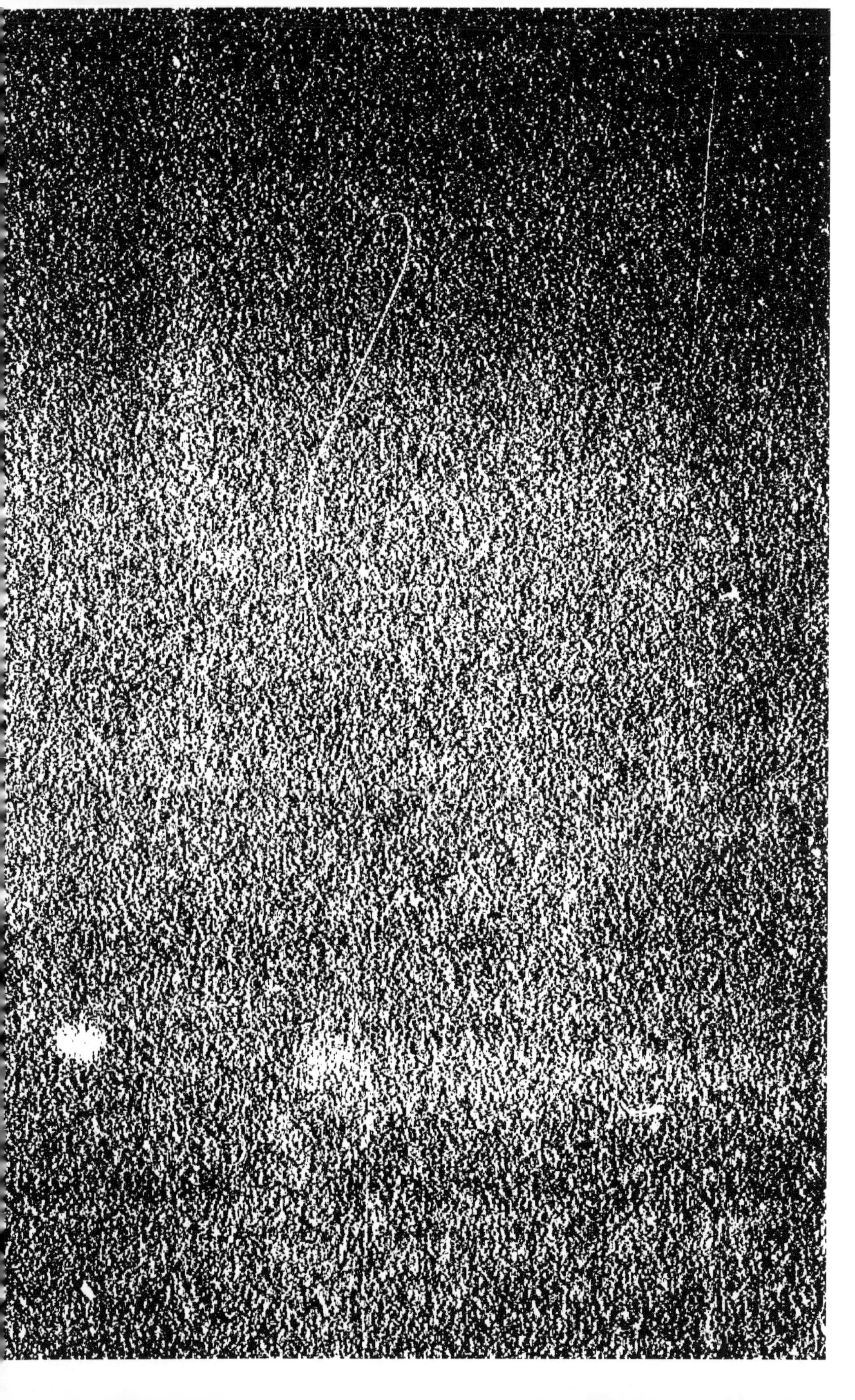